Este libro le pertenece a:

_____

Ninja Life Hacks™

Este libro está dedicado a mis hijos - Mikey, Kobe y Jojo.
La vida está llena de opciones. Elige ser feliz, y no gruñón.

El Ninja Gruñón

Por Mary Nhin

Solía ser el ninja más gruñón del mundo.
Para el desayuno, mi mamá hizo el plato favorito de mi hermana....

Y eso me puso de mal humor.

Cuando llegué tarde a la escuela,
me puse súper gruñón.

Durante la clase, el sacapuntas no funcionó.

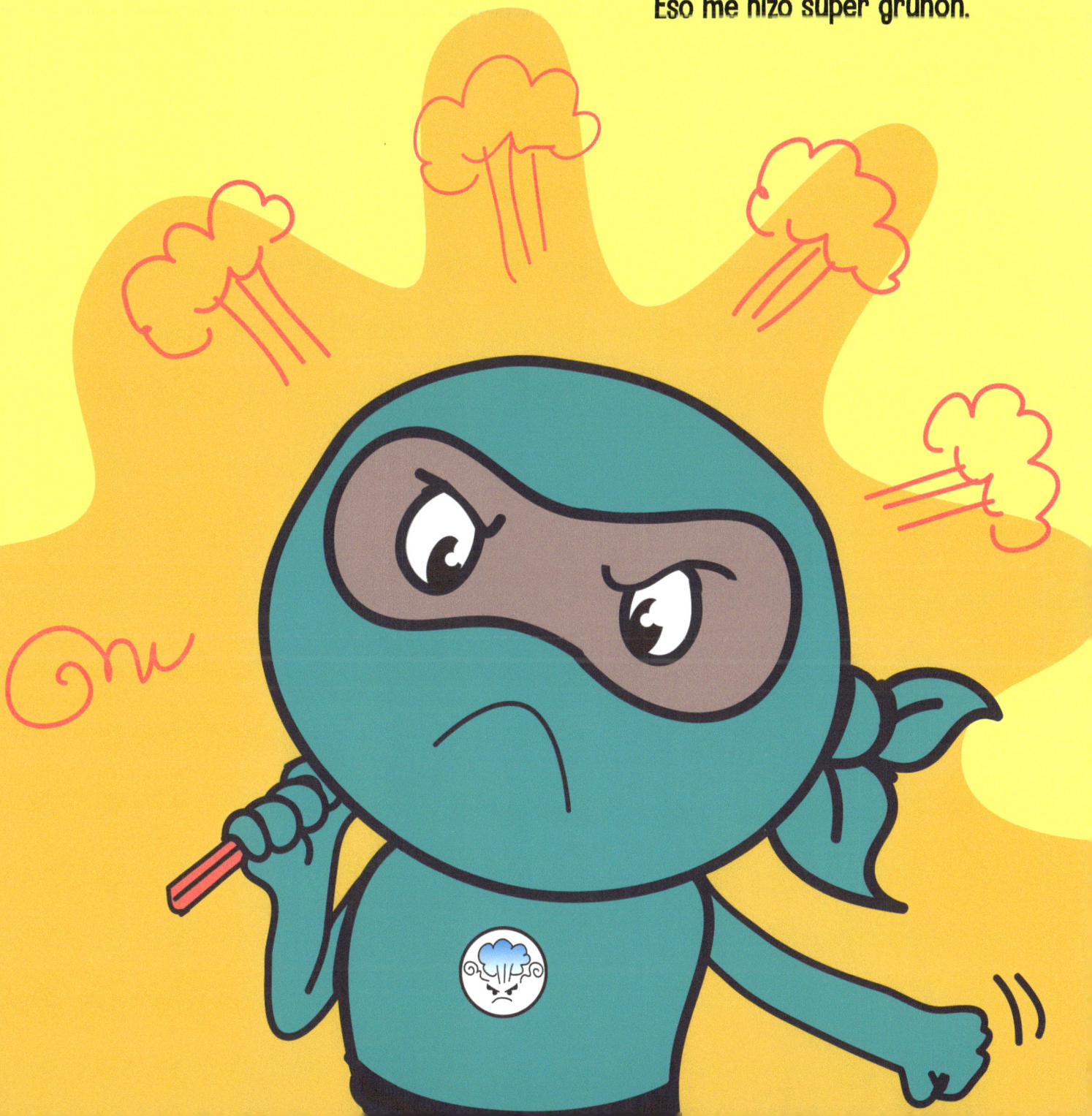

Eso me hizo súper gruñón.

Después de la escuela, mis amigos
decidieron ir a la playa y yo fui.

El Ninja Positivo y el Ninja de la Tierra me agarraron de las manos para jalarme hacia el agua, pero eso no me gustó.

¡No tengo tiempo para esto!

¡Antes de que me diera cuenta, estaba chapoteando y pasándola genial! Y entonces, sentí algo que nunca había sentido antes. ¿Cuál era ese sentimiento?

Ahhhh. La felicidad.

--¿Cómo puedo tener más de eso? --le pregunté cómo si pudiera embotellar la felicidad y comprarla.

--Bueno, no podemos comprarla, pero podemos cultivarla. Te mostraré --respondió el Ninja Positivo sonriendo.

Podemos desterrar el mal humor haciendo cosas
que nos gusta hacer y teniendo gratitud.

Podemos descansar o escuchar música.

Podemos jugar afuera.

Podemos relajarnos en un baño de burbujas.

Si nos tomamos el tiempo para apreciar, nos ayudará a tener gratitud por las cosas pequeñas en la vida.

Como el sol y la comida que comemos.

El aire que respiramos y el agua potable que tomamos.

Podemos estar agradecidos por las aves y las abejas y las flores y los árboles.

Y, sobre todo, nuestra familia.

De pronto, nunca me había sentido más feliz y tenía que agradecerle a mi amigo.

Gracias por ayudarme a encontrar mi gratitud.

Un simple cambio de perspectiva y un poco de gratitud es lo que necesitas como tus armas secretas para desterrar el mal humor.

¡Visítanos en ninjalifehacks.tv para obtener imprimibles divertidos gratis!

Instagram @marynhin @GrowGrit
#NinjaLifeHacks

Facebook Mary Nhin Ninja Life Hacks

YouTube Ninja Life Hacks

TikTok @ninjalifehacks.tv

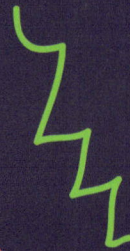

www.ingramcontent.com/pod-product-compliance
Lightning Source LLC
Chambersburg PA
CBHW042024090426

42811CB00016B/1730